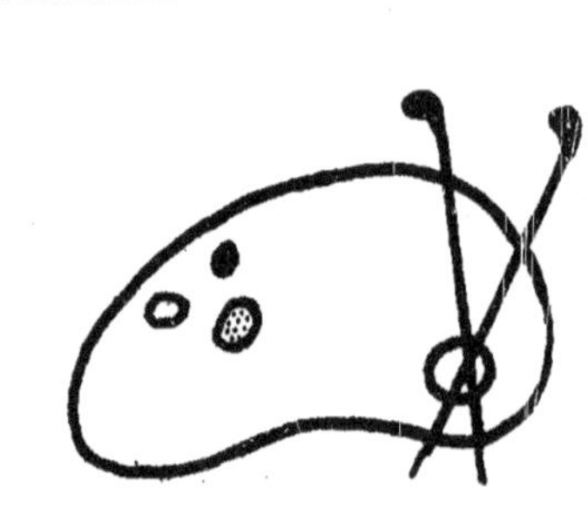

Début d'une série de documents
en couleur

REVUE

NUMISMATIQUE

DIRIGÉE PAR

ANATOLE DE BARTHÉLEMY, GUSTAVE SCHLUMBERGER,
ERNEST BABELON

QUATRIÈME SÉRIE — TOME NEUVIÈME

Deuxième trimestre 1891

EXTRAIT

PARIS
CHEZ C. ROLLIN ET FEUARDENT
4, place Louvois, 4

1891

SOMMAIRE

du deuxième fascicule de 1891

PLANCHES

La *Revue* paraît tous les trois mois, par fascicules de 128 pages environ, formant chaque année un volume de plus de 500 pages, avec nombreuses planches et vignettes. Le prix de l'abonnement est fixé à 20 francs par an.

La **Revue numismatique** ne rend compte que des ouvrages qui lui sont envoyés. Ils doivent être adressés à M. E. Babelon, au *Cabinet des Médailles, Bibliothèque nationale*.

En vente à la Librairie Numismatique

ROLLIN & FEUARDENT

PUBLICATIONS NOUVELLES

Francesco ed Ercole Gnecchi. Le monete di Milano, da Carolo Mano a Vittorio Emanuele II, descritte ed illustrate, con prefazione di *Bernardino Biondelli.* — 1 vol. gr. in-4°, avec 58 planches en héliogravure........................ 80 fr.

— Le monete dei Trivulzio. — 1 vol. in-4°, avec nombreuses vignettes et 6 pl. Milan, 1887.

Camillo Brambilla. Monete di Pavia. — Magnifique volume in-4° de plus de 500 pages, avec 12 planches........... 25 fr.

A. de Longpérier. Œuvres numismatiques et archéologiques réunies et mises en ordre par G. Schlumberger. — 7 vol. in-8°, avec planches et vig. Chaque vol.................. 20 fr.

Imhoof-Blumer. Monnaies grecques publiées par l'Académie royale néerlandaise des sciences. — 1 fort volume in-4°, avec planches photographiées. Cart.................... 56 fr.

— Choix de monnaies grecques de la collection de l'auteur, 2e édition, planches photographiques. — 1 vol. in-4°. 16 fr.

J.-P. Six. Du classement des séries cypriotes (extrait de la *Revue numismatique*), br. in-8°, 3 pl................ 5 fr.

— Monnaies lyciennes (Extrait de la *Revue numismatique*), br. in-8°, avec 2 pl.................................. 3 fr.

A. Armand. Les médailleurs italiens des xve et xvie siècles, 2e édition. — Trois vol. in-8°..................... 30 fr.

G. Schlumberger. Sigillographie de l'empire byzantin. — 1 vol. grand in-4°, avec 1.100 vignettes.................. 100 fr.

A. Cartault. Terres cuites antiques de Tanagra et d'Asie Mineure de la collection de M. Camille Lécuyer, avec notices de MM. *Lenormant, baron de Witte, A. Cartault, G. Schlumberger, E. Babelon, C. Lécuyer.* — 2 beaux volumes in-fol., avec 117 pl. 165 fr.

E. Caron. Monnaies féodales françaises (Supplément à l'ouvrage de Poey d'Avant). — 1 vol. in-4°, avec planches..... 36 fr.

A. Boutkowski. Petit Mionnet de poche ou répertoire pratique à l'usage des numismates en voyage et collectionneurs des monnaies grecques, avec indication de leurs prix actuels et de leur degré de rareté.............................. 20 fr.

Mâcon, imp. Protat frères

Fin d'une série de documents
en couleur

MONNAIES BARBARES

D'ARGENT

TROUVÉES DANS LE CIMETIÈRE MÉROVINGIEN D'HERPES.

Pl. V.

Le cimetière mérovingien découvert par M. Philippe Delamain sur le territoire de la commune de Courbillac (Charente), au lieu dit Herpes, et qui a livré tant de bijoux remarquables, n'avait jusqu'ici apporté à la numismatique aucun document nouveau[1]. Mais M. Ph. Delamain, qui n'avait entrepris ces fouilles que dans l'espoir de découvrir des monnaies antiques vient de recevoir le prix de sa persévérance. Il a trouvé dans la main d'un mort onze petites monnaies d'argent soudées les unes aux autres par l'oxydation, réunies en forme de rouleau et qui, pour être très barbares, n'en sont pas moins intéressantes.

Ces onze petites pièces échappent à une description détaillée. Le caractère le plus saillant, c'est l'extrême minceur du flan. Les légendes sont réduites

1. Voyez une lettre de M. Ph. Delamain à *M. Alexandre Bertrand*, dans la *Revue archéologique*, juillet-août, 1889, p. 162. Voyez aussi : Ph. Delamain, *Le cimetière mérovingien d'Herpes*, dans *Revue de Saintonge et d'Aunis*, 1890, p. 373.

à une série de traits verticaux ; sur plusieurs d'entre elles on distingue un ou deux O à l'exergue (pl. V, n°s 12 et 14), sur une autre, deux И dans la légende du revers (pl. V, n° 14). Au droit, un buste diadémé occupe le champ; le type impérial est assez bien conservé ; toutefois, la monnaie figurée sous le n° 13 présente un buste diadémé dont la draperie affecte une forme trapézoïdale propre aux bustes des monnaies mérovingiennes ; sur une autre (pl. V, n° 15), l'épaule est ornée d'une croix. Neuf de ces monnaies ont pour type du revers un personnage tournant la tête à gauche, accosté de deux traits verticaux perlés, rompus à mi-hauteur par un annelet faisant saillie à l'extérieur (pl. V, n° 12). Deux autres pièces (pl. V, n°s 14 et 15) offrent une variété de ce type; le personnage du revers paraît tourner la tête à droite; de plus, on remarque au dessus de l'épaule droite un petit trait horizontal avec deux pendants. Ces monnaies pèsent : 0 gr. 380; 0.290; 0.277 ; 0.270; 0.260; 0.250; 0.225; 0.210, 2 exemplaires ; 0.200. Les numismatistes parisiens devront à la libéralité de M. Ph. Delamain de pouvoir les étudier tout à loisir, les deux pièces figurées sous les n°s 12 et 14 ayant été données par lui à la Bibl. nationale.

Il est impossible de n'être pas frappé de l'analogie qui existe entre ces monnaies et celles qui ont été trouvées dans les cimetières d'Eprave (province de Namur) et auxquelles M. Cumont a consacré récemment une étude dans la *Revue belge*[1]. Mais, tandis

1. G. Cumont, *Monnaies franques découvertes dans les cimetières francs d'Eprave*, dans *Revue belge de numismatique*, 1890, p. 212.

que, sur les pièces d'Eprave, on peut retrouver la signification des légendes altérées, et que sur l'une d'elles le nom de *Valentinianus* est lisible, sur les pièces d'Herpes, au contraire, les légendes sont simplement simulées. De plus, le type du revers n'est pas le même.

M. Cumont a parfaitement établi que les barbares qui ont frappé les monnaies d'Eprave ont imité un revers analogue à celui qui se présente communément sur les monnaies romaines du ve siècle : Rome casquée, assise sur une cuirasse, tenant de la main droite un globe surmonté d'une victoire, et de la main gauche une lance renversée. Les monnaies d'Eprave nous montrent Rome assise non sur une cuirasse mais sur un siège pliant, tenant une croix à longue hampe au lieu d'une lance. Attribuer ces modifications aux artistes barbares serait trop accorder à leur imagination. Il est évident qu'ils avaient sous les yeux, comme l'a remarqué M. Cumont, un prototype qui n'a pas été retrouvé jusqu'ici.

Le prototype du revers des monnaies d'Herpes est différent. C'est Rome casquée, assise sur un trône à dossier, tournant la tête à gauche, tenant dans la main droite un globe, et de la gauche une haste. Cette personnification de Rome apparaît à la fin du IVe siècle sur le *miliarense* de Gratien, avec la légende *Virtus Romanorum* ; les montants du trône sont perlés ; deux globules ou deux annelets marquent les points d'attache du siège aux montants. Ce type est encore gravé sur les monnaies d'argent de Valentinien, de Théodose, avec les légendes *Concordia Augustorum* et *Virtus Romanorum*, de Maxime, de

Flavius Victor, d'Honorius, avec la légende *Gloria Romanorum* (pl. V, n° 9), et enfin de Sébastien.

M. Cumont a publié une petite pièce d'argent, de ce type, conservée au Cabinet des médailles de Marseille ; on y lit le nom d'Honorius, la légende *Gloria Romanorum*, légèrement altérée, et la marque de l'atelier de Ravenne ; le style assez médiocre et le poids très faible, 0.400, doivent la faire considérer comme une imitation barbare ; il convient de la rapprocher des monnaies trouvées à Herpes. Cependant la figure du revers est encore voisine du prototype ; elle s'en éloigne sur une monnaie d'argent qu'a fait connaître M. Espérandieu. Il s'agit d'une pièce au nom d'Anthemius, trouvée à Poitiers par le R. P. de la Croix, décrite et figurée dans la *Revue numismatique*[1], mais si inexactement qu'il est indispensable d'en donner un nouveau dessin (pl. V, n° 10). Le poids est de 0 gr. 48. On remarquera à l'exergue du revers l'inscription CONOB qui n'a aucun sens sur une pièce d'argent et qui montre assez que nous ne sommes pas en présence d'un produit d'atelier impérial.

Du même style que la pièce d'Anthemius est celle que M. le baron de Baye a trouvée dans le cimetière de Bergères-les-Vertus (Marne)[2], et dont nous donnons le dessin sous le n° 11 de la pl. V. Il semble que la légende du droit soit une déformation du nom de Valentinien. Au revers on lit GLORIA ROMA-

1. Année 1888, p. 474.

2. Baron J. de Baye, *Cimetière de Bergères-les-Vertus (Marne)*, Arcis-sur-Aube, 1890, in-8°. (Extrait de la *Revue de Champagne et de Brie*.) J'adresse mes remerciements les plus sincères à M. le baron de Baye, qui a bien voulu m'autoriser à publier cette pièce.

NORVM et, à l'exergue, **CONOB**. Cette pièce pèse 0 gr. 27.

M. Cumont a justement rapproché des monnaies d'Eprave quelques monnaies d'argent barbares, à flan mince, les unes trouvées dans des cimetières mérovingiens et publiées dans différents ouvrages, les autres conservées au Musée britannique et au Cabinet de France, mais dont la provenance est inconnue. Je puis ajouter d'autres monnaies du même genre.

Celles qui sont figurées sous les n°s 2 à 7 de la pl. V ont été trouvées dans le cimetière de Villedomange, près de Reims[1]. Les n°s 2 à 6 sont tout à fait du même style que les pièces d'Eprave. Les n°s 2 et 5 pèsent 0,350; le n° 4, 0,320; le n° 6, 0,250; j'ignore le poids du n° 3. Quant à la monnaie n° 7, qui a fait partie de la collection d'Amécourt, elle est aujourd'hui au Cabinet de France[2]. Le revers procède d'une monnaie où Rome était représentée, non plus avec une Victoire, mais avec un globe crucigère dans la main droite.

C'est encore Rome assise qui orne le revers d'une monnaie au nom d'Anastase, pesant 0 gr. 450, (pl. V, n° 8), donnée par M. Benjamin Fillon au Cabinet de France, en 1879, avec deux autres monnaies, les n°s 17 et 18 de notre planche, et plusieurs bijoux mérovingiens, tous objets provenant d'une même trouvaille.

1. J'en dois la connaissance à M. Maxe Werly, qui, avec sa libéralité habituelle, m'a donné les excellents dessins qu'il avait faits. Je lui adresse mes plus sincères remerciements.

2. Prou, *Inventaire sommaire des monnaies mérov. de la coll. d'Amécourt*, n° 1086.

Le nom de l'empereur Anastase se présente aussi sans aucune altération sur la pièce n° 16 de la pl. V, trouvée à Villedomange, mais le type du revers est différent. C'est une Victoire de profil, debout, tournée à droite, tenant une palme de la main gauche, et de la droite une couronne.

Nous retrouvons le même type, plus grossièrement dessiné, sur les deux monnaies n°s 17 et 18 dont nous avons indiqué plus haut la provenance. Les n°s 16, 17, et 18 pèsent respectivement 0.300, 0.251 et 0.110. Ces deux dernières pesées n'ont aucune importance puisqu'elles s'appliquent à des pièces fortement échancrées.

Enfin les deux monnaies dessinées sous les n°s 19 et 20 appartiennent à la trouvaille de Villedomange. Il semble que le nom de l'empereur écrit au droit, soit, au moins sur le n° 19, une déformation de D N VALENTINIANVS P F. Au revers, une Victoire, debout, de profil, à gauche, tenant une croix à longue hampe. Ce type n'a pas été, que je sache, signalé jusqu'ici sur les monnaies d'argent romaines; il est propre à l'or. La monnaie n° 19 pèse 0.250, et la dernière, 0.270.

A quelle époque doit-on rapporter la fabrication des espèces que nous avons décrites. Tout d'abord, il convient de distinguer entre celles où le nom de l'empereur est très lisible et celles où il est méconnaissable. Les premières, aux noms d'Honorius, de Théodose, de Valentinien, d'Anthemius et d'Anastase, sont sorties d'ateliers barbares. L'incorrection des figures et des légendes ne laissent place sur ce point à aucun doute. Mais sont-elles contemporaines des empereurs dont elles portent les noms, ou, tout au moins peu postérieures ? En d'autres termes, appartiennent-elles au ve siècle et aux premières années du vi^e siècle, ou bien à la période mérovingienne ? Il est difficile de répondre à cette question en toute certitude. Si l'on admet que ce sont des pseudo-romaines, leur attribution au ve siècle ne s'impose pas. En effet, les monnaies du ve siècle et même celles du Haut-Empire avaient encore cours aux vi^e et viie siècles ; du moins, les sépultures de cette époque en ont-elles fourni un très grand nombre; elles ont donc pu être employées comme modèles dans les ateliers mérovingiens. En faveur de cette opinion, on pourrait invoquer deux pièces d'argent découvertes dans une tombe mérovingienne, à Arcy Sainte-Restitue, par M. Frédéric Moreau et étudiées par M. A. de Barthélemy[1]. Elles présentent au droit le nom d'Honorius très nettement gravé ; cependant la forme de la croix ancrée qui orne le revers doit les faire reporter plutôt vers la fin de la période mérovingienne qu'au commencement. D'autre part, les monnaies d'argent, dont nous cherchons à déterminer la date, ont, en dépit des altérations des légendes et de la barbarie des figures, un aspect bien romain. Elles ne sont pas très éloignées de leurs prototypes. Aussi sommes-nous portés à les considérer comme remontant à la fin du ve siècle ou au commencement du vi^e. Si l'on considère que toutes celles d'entre ces monnaies

1. Notice dans le *Bulletin de la Société des Antiquaires de France*, 1878, p. 151.

dont on peut constater l'origine ont été trouvées en Gaule, l'on n'hésitera pas à les donner à l'un des peuples barbares établis en Gaule à la fin du ve siècle, les Francs, les Burgondes ou les Wisigoths, et plutôt au premier qu'aux deux autres. La raison en est qu'il faut certainement faire rentrer dans le monnayage mérovingien, comme on le verra plus loin, les monnaies trouvées à Herpes et qui sont la dégénérescence de monnaies où le nom de l'empereur est encore lisible, comme celles d'Honorius et d'Anthemius citées plus haut. Toutes ces pièces forment donc une série continue, appartenant à des périodes diverses d'un même art. Ce n'est pas à dire que les Burgondes et les Wisigoths n'aient pu émettre des pièces du genre de celles que nous étudions, mais elles ont dû avoir le caractère particulier que ces peuples ont donné à leurs imitations de la monnaie romaine. Voici, par exemple, le dessin d'une pièce d'argent (pl. V, n° 1), au nom d'Honorius, à flan mince, que nous regardons comme wisigothe. Elle appartient au Cabinet de France.

Les onze monnaies d'Herpes, dont les légendes sont simulées, sont plus faciles à dater. Sur l'une d'elles (pl. V, n° 15), en effet, le buste impérial est orné d'une croix; or, la croix ainsi placée apparaît pour la première fois sur les tiers de sou d'Anastase (491-513); cette pièce ne peut donc être antérieure au vi^e siècle. Bien qu'il y ait entre les onze pièces que nous étudions quelques différences de style, leur fabrique est à peu près la même, et celles qui sont les moins barbares ne sauraient être beaucoup antérieures à celles qui le sont le plus. Si nous comparons ces monnaies à la pièce d'Anthemius (pl. V, n° 10), qui, elle, peut dater au plus tôt de 467 et qui présente au revers le même type de Rome assise, nous constaterons qu'elles sont beaucoup plus barbares, que la figure du revers est presque méconnaissable, et nous serons amenés à en faire descendre la fabrication au moins jusqu'au milieu du VIe siècle[1], par suite à y voir un produit du monnayage franc en Gaule, en un mot, à les classer parmi les monnaies mérovingiennes. Elles ont d'ailleurs des analogies de style avec les pièces de cette série. C'est ainsi que la tête d'une des pièces dessinées sur la pl. V, sous le n° 13, présente la bouffissure qui caractérise les têtes gravées sur les tiers de sou de Besançon.

Il nous reste à déterminer la nature de ces pièces. Le fait que toutes celles dont on connaît la provenance ont été découvertes dans des sépultures, pourrait faire songer à des pièces essentiellement funéraires, fabriquées tout exprès pour être enfermées dans les tombeaux, quelque chose comme les *danachès* grecques. Nous ne nous arrêterons pas à cette hypothèse, car les monnaies qu'on rencontre le plus souvent avec les cadavres des VIe et VIIe siècles sont des monnaies romaines de bonne fabrique et surtout des bronzes. Elles sont placées souvent dans une bourse de cuir, ou dans la bouche du mort, rarement dans sa main[2]. D'autres fois, elles sont percées

1. J'ajouterai que la monnaie romaine la plus récente trouvée dans les sépultures d'Herpes était une monnaie de Justinien. (Delamain, *Revue de Saintonge*, p. 380.)

2. Sur les pièces trouvées dans la main des morts, voyez Cochet, *Le tombeau de Childéric*, p. 428. Dans une des tombes du cimetière de Tourville-la-

et servent d'amulettes ou de pendeloques. Les pseudo-romaines du genre de celles qu'ont fournies les cimetières d'Eprave et d'Herpes sont très exceptionnelles. La liste des trouvailles qui en ont été faites ne serait pas longue à dresser. Sur six cents tombes explorées par M. Delamain, une seule lui a fourni les pièces que nous publions. Il en serait tout autrement si nous avions affaire à des oboles funéraires. Ce ne sont pas non plus des ornements dans la main d'un mort. Seraient-ce des talismans, comme M. A. de Barthélemy le pensait des pièces d'Arcy Sainte-Restitue? C'est un point sur lequel il serait difficile de se prononcer.

Pour ma part, je préfère y voir de véritables espèces monétaires. Qu'on ne m'objecte pas l'extrême minceur des flans qui fait que la pression des doigts suffirait à les briser. Les pièces non rongées par l'oxydation résistent assez bien. De plus, M. Cumont a déjà répondu que quantité de deniers du moyen âge ne sont ni plus épais, ni plus solides.

Plutôt que d'y chercher des divisions d'un denier franc imaginaire comme l'ont fait Thomas[1] et Pétigny[2], pour des pièces analogues, il paraît plus rationnel de les rattacher au système monétaire romain adopté par les barbares après leur établissement sur le territoire de l'Empire. Or, il suffit de parcou-

Rivière, un mort tenait dans sa main trois monnaies de Gallien, de Claude le Gothique et de Constantin le Jeune. Voyez Cochet, *Répertoire archéol. du dép. de la Seine-Inférieure*, p. 331.

1. Thomas, *Description de cinq monnaies franques inédites trouvées dans le cimetière mérov. d'Envermeu.*

2. Pétigny, Compte rendu du mémoire de Thomas, dans *Revue numismatique*, 1855, p. 65.

rir les cartons d'un médaillier un peu riche pour y trouver une série de monnaies d'argent romaines du ve siècle du même module que les monnaies pseudo-romaines d'Honorius, de Théodose, de Valentinien, d'Anthémius et d'Anastase. Nous citerons comme exemple la pièce d'Honorius figurée pl. V, n° 9. Ces monnaies romaines, il est vrai, ont un poids plus élevé, compris entre 1 gr. 04 et 1 gr. 25, tandis que la plus lourde des monnaies publiées par M. Cumont, celle au nom de Théodose conservée au Musée britannique, ne pèse que 0.907. La plus légère parmi les pièces barbares où le nom de l'empereur n'est pas encore défiguré est celle d'Anastase trouvée à Villedomange et dont le poids descend à 0.30. Cet écart assez considérable entre les pseudo-romaines et les romaines d'argent de même module ne doit pas nous arrêter dans notre assimilation. Les pièces barbares sont toujours d'un poids moindre que les romaines. De plus, aux ve et vi^e siècles, on remarque des différences de poids très grandes entre les divers exemplaires d'une même pièce, également bien conservés et sortis les uns et les autres d'ateliers impériaux. Aussi, pour la plupart des payements avait-on recours à la balance, l'effigie impériale gravée sur les monnaies d'argent ne garantissant que le titre du métal et non le poids. Quant à déterminer le nom que les Romains donnaient à la pièce d'argent dont nous avons fait dessiner (pl. V, n° 9) un exemple, c'est ce à quoi nous n'avons pu parvenir. C'est une fraction du *miliarense*, mais laquelle? Nous ne saurions le dire.

Le style des monnaies trouvées à Herpes nous a fait en placer l'émission au milieu du VIe siècle. Cette hypothèse trouve une confirmation dans le module et le poids de ces pièces. On connait un assez grand nombre de monnaies d'argent du même module frappées sous Justinien ; ce sont des siliques. Pinder et Friedlander en citent une[1] qui pèse 0.90, et il en est dont le poids s'abaisse jusqu'à 0.68[2]. Comme le poids des monnaies d'Herpes est compris entre 0.380 et 0.200, il est vraisemblable que ce sont des demi-siliques.

L'étude des onze monnaies découvertes par M. Ph. Delamain dans une sépulture du cimetière d'Herpes nous amène donc à cette conclusion qu'il y a eu dès le VIe siècle, dans les pays soumis à la domination mérovingienne, un monnayage d'argent, qui a eu pour point de départ, tout comme le monnayage des Goths et des Vandales, la contrefaçon des monnaies romaines contemporaines.

Maurice PROU.

1. Pinder et Friedlænder, *Die Münzen Justinians*, p. 27.
2. Mommsen, *Histoire de la monnaie romaine*, trad. Blacas, t. IV, p. 108, n° 9.

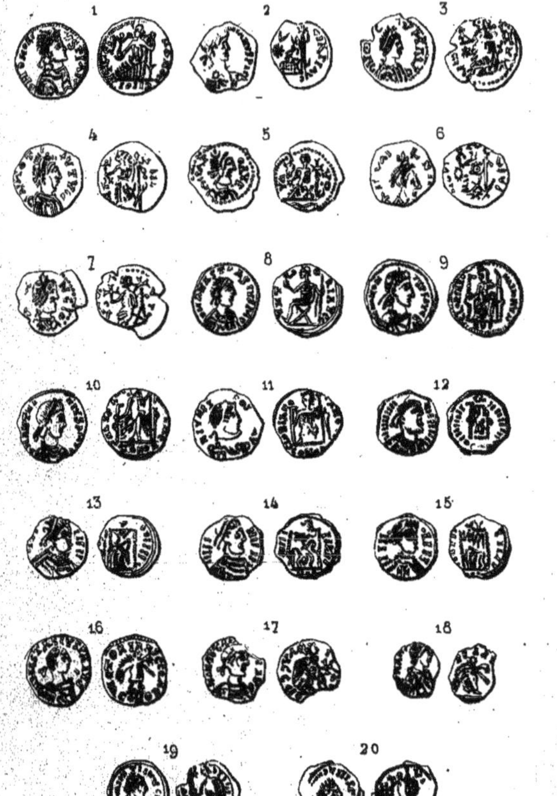

MONNAIES D'ARGENT
PSEUDO-ROMAINES

www.ingramcontent.com/pod-product-compliance
Lightning Source LLC
LaVergne TN
LVHW020510230826
846091LV00008BA/3439

* 9 7 8 2 0 1 6 1 3 9 7 1 4 *